Inhalt

FuE in der chemischen Industrie - Bei Nanomaterialien, Katalyse und Weißer Biotechnologie wird kräftig geforscht und entwickelt

Kernthesen

Beitrag

Fallbeispiele

Zahlen und Fakten

Weiterführende Literatur

Impressum

FuE in der chemischen Industrie - Bei Nanomaterialien, Katalyse und Weißer Biotechnologie wird kräftig geforscht und entwickelt

Autor GENIOS BranchenWissen: A.Schneider

Kernthesen

- Die chemische Industrie ist eine der forschungsintensivsten Branchen der deutschen Wirtschaft.
- Zu den derzeitigen innovativen Forschungsfeldern zählen die

Nanomaterialien als neue Werkstoffe, Ressourcen sparende Prozesse durch Katalyse und Biokatalyse und die Weiße Biotechnologie.
- Die chemische Industrie fordert FuE-freundliche Rahmenbedingungen seitens der staatlichen Forschungs- und Entwicklungspolitik, zum Beispiel die rasche Novellierung der Gesetzgebung zur Grünen Gentechnik.

Beitrag

In den Chemielabors wird kräftig experimentiert, geforscht und entwickelt. Nahezu täglich wird über Fortschritte in Sachen Nanomaterialien, Brennstoffzellenkatalysatoren, Bioplastik etc. berichtet.

Chemie bei FuE auf Rang Drei hinter Auto- und Elektroindustrie

Im vergangenen Jahr investierte die Chemie knapp neun Milliarden Euro in Forschung und Entwicklung (FuE). Das sind die dritthöchsten Ausgaben nach der Auto- und Elektroindustrie. [Abb.1] Rund 7 Prozent beträgt der Anteil der FuE-Aufwendungen am

Branchenumsatz. Jeder zehnte Chemie-Mitarbeiter arbeitet im FuE-Bereich.

Auch international ist Deutschlands FuE gut positioniert. 17 Prozent der weltweit getätigten FuE-Aufwendungen der chemischen Industrie werden am Standort Deutschland investiert. Das ist doppelt so viel wie der Anteil Deutschlands an der Welt-Chemieproduktion; dieser liegt bei 8,5 Prozent. Ein Fünftel der weltweiten Patentanmeldungen im Bereich Chemie stammt aus Deutschland. Die elf Kernstaaten der EU tragen rund 35 Prozent der weltweit erfassten FuE-Aufwendungen der chemischen Industrie (ohne Pharma). Davon wiederum entfallen 44,3 Prozent auf Deutschland. (1)

Nach Angaben des Branchenverbands VCI senken neue Produkte oder Verfahren aus der Chemie die Kosten der deutschen Industrie um insgesamt knapp 11,6 Milliarden Euro jährlich und sorgen für einen jährlichen Umsatz mit Produktneuheiten von 17,5 Milliarden Euro. (2)

Zu den aktuellen innovativen chemiebezogenen Forschungsfeldern zählen die Nanomaterialien als neue Werkstoffe, Ressourcen sparende Prozesse durch Katalyse und Biokatalyse und die Weiße Biotechnologie. (3)

Nanomaterialien als neue Werkstoffe

Die Nanotechnologie gilt als Querschnittstechnologie mit riesigem Anwendungspotenzial. Sie steckt noch in den Kinderschuhen. Das Bundesministerium für Bildung und Forschung (BMBF) förderte sie im vergangenen Jahr mit 330 Millionen Euro.

Weltweit sind knapp 200 reine Nanotechnologieunternehmen börsennotiert. Natürlich beschäftigen sich auch die internationalen Chemiegiganten mit nanotechnischen Anwendungen. Etliche deutsche Chemiebetriebe erforschen und produzieren nanostrukturierte Oberflächen sowie Nanoteilchen und Mischungen dieser Teilchen mit herkömmlichen Materialien wie Kunststoffen oder Keramik. Laut BMBF sind etwa 600 deutsche Unternehmen mit der Entwicklung, Anwendung und dem Vertrieb nanotechnischer Produkte befasst. Sie stellen ungefähr 50 000 Arbeitsplätze. Führende Hersteller sind BASF, Bayer MaterialScience, Degussa und Nanogate Technologies. (4)

Für die chemische Industrie sind insbesondere Nanomaterialien aus dem Bereich der Metalle und Polymere relevant. Nanomaterialien sind keine eigenständigen neuen Endprodukte. Vielmehr verbessern sie die Eigenschaften bestehender Produkte oder erleichtern Herstellungsverfahren. Aus diesem Grund ist es schwierig, ihr Marktvolumen zu beziffern. Nach Angaben der Deutschen Bank werden schon heute weltweit etwa 150 Milliarden Euro Umsatz mit Nanomaterialien erwirtschaftet. (3)

Nanomaterialien und partikel werden in der Elektronik, dem Gesundheitsbereich, der Konsumgüterbranche, aber auch im Maschinen-, Geräte- und Instrumentenbau und im Energiesektor eingesetzt. Beschichtete Metallbänder, sog. Coil Coatings, werden durch Nanopartikel um bis zu 20 Prozent kratzfester. Davon profitieren Fassadenbeschichtungen an Bürogebäuden, Einkaufszentren und Tankstellen, aber auch Haushaltsgeräte wie Mikrowellen, Waschmaschinen und Kühlschränke. Automobilhersteller werben mit kratzfesteren Lacken, leichteren und zugleich stabileren Kunststoffbauteilen und entspiegelten Armaturenverglasungen dank Nanomaterialien. (5), (6)

Nano-FuE setzt auf Gold

Nahezu täglich meldet die Angewandte Chemie

Fortschrittsmeldungen in Sachen Nano-FuE. Momentan scheint Gold angesagt: Die einen jubeln über Goldnanohanteln. Forscher vom Max-Planck-Institut für Festkörperforschung in Stuttgart freuen sich über ihre geglückten Ergebnisse zu Metall-Virus-Nanohanteln, die künftig als Knotenpunkte für die elektrische Verdrahtung im Nanomaßstab dienen könnten. (7)
Die anderen lassen uns auf saubere Atemluft hoffen. Japanische Forscher haben ein neues Metall entwickelt, indem sie poröses Manganoxid mit Goldnanopartikeln versehen haben. Dieses neue Metall fungiert als Katalysator und befreit Luft bei Raumtemperatur von Stick- und Schwefeloxiden. (8)

Ressourcen sparende Prozesse durch Katalyse und Biokatalyse

Katalysatoren werden generell in vier Segmenten verwendet: bei Umweltschutzprodukten wie den Autoabgaskatalysatoren, bei der Erdölverarbeitung in Raffinerien, bei der Herstellung von Polymeren und bei der Herstellung von Chemikalien. Bei den meisten chemischen Prozessen werden Katalysatoren eingesetzt. Die Katalyse gilt sogar als eine Schlüsseltechnologie für den zukünftigen Fortschritt in der chemischen Industrie. Über 80 Prozent der

Wertschöpfung der chemischen Industrie beruhen auf katalytischen Verfahren.

Mit Katalyse beschäftigen sich die namhaften Chemieunternehmen wie BASF und Degussa, aber auch kleine Start-up Unternehmen wie zum Beispiel hte AG.

In den entwickelten Staaten hängen 15 bis 20 Prozent der Wirtschaft direkt oder indirekt von katalytischen Prozessen ab. Die North American Catalysis Society schätzt den Wert der Produkte, die durch Katalyse hergestellt werden, auf etwa 500 Milliarden Euro pro Jahr.

Die moderne Katalyseforschung arbeitet intensiv daran, neue Katalysatoren z.B. Enzyme - und Verfahren zu entwickeln. Sie sollen die chemischen Produktionsprozesse effizienter machen und dafür sorgen, dass sie ressourcenschonend ablaufen. Das ist gerade für ein rohstoffarmes Land wie Deutschland sehr wichtig.

Die Katalyseforscher arbeiten beispielsweise an Technologien zur Erzeugung und Speicherung von Wasserstoff und an der Brennstoffzellentechnologie. Derzeit gelten Brennstoffzellenkatalysatoren (chemisch aktive Edelmetall-Katalysatoren, z.B. Platin, Palladium) noch als teuer und wenig effizient.

Rohstoffe wie Erdgas, Ethan, Propan und Butan können nur mittels neuer katalytischer Verfahren für die chemische Industrie erschlossen werden. Moderne Düngemittel, Agrozusatzstoffe und Pharmazeutika werden mit Hilfe katalytischer Prozesse hergestellt.
In herkömmlichen chemischen Verfahren werden Vitamine und Aminosäuren durch komplexe Syntheseschritte hergestellt. Sie verbrauchen viele Rohstoffe und viel Energie. Dank Biokatalyse können diese Stoffe heute viel effizienter und ressourcenschonender mit Hilfe von lebenden Zellen oder isolierten Enzymen erzeugt werden. Die Herstellung chiraler Produkte in der Feinchemie ist ohne biokatalytische Verfahren nicht denkbar. (9)

Deutsche Katalyseforscher ausgezeichnet

Deutsche Forscher leisten in der modernen Katalyseforschung hervorragende Arbeit. So wurden kürzlich die Arbeiten zur Organokatalyse, der Katalyse chemischer Reaktionen mit kleinen organischen Molekülen, als Highlight in der Zeitschrift Green Chemistry bewertet. (10) Und auf der Chemiedozententagung im März verlieh die Gesellschaft Deutscher Chemiker (GDCh) zwei ihrer wissenschaftlichen Preise an Forschungsarbeiten zu chiralen Katalysatoren sowie Palladium-katalysierten Reaktionen und Verfahren. (11)

Weiße Biotechnologie

Die weiße oder industrielle Biotechnologie hat sich in den letzten zehn Jahren entwickelt. Bei der Herstellung komplexer Moleküle und Enzyme, die in der Produktion von Pharmazeutika, Diagnostika und in der Papier-, Leder- und Textilindustrie gebraucht werden, sieht die chemische Industrie das größte Potenzial. (3)

In Deutschland beschäftigen sich rund 480 Unternehmen ausschließlich mit der Biotechnologie. Davon widmen sich rund 13 Prozent der Industriellen oder Weißen Biotechnologie.

Die Produkte der weißen Biotechnologie wachsen weitaus stärker als die der vergleichbaren chemisch hergestellten Produkte. Der Marktwert der in Deutschland hergestellten Produkte beträgt rund zwei bis drei Milliarden Euro jährlich. Das Weltmarktvolumen wird auf 55 Milliarden Euro jährlich geschätzt. (12)

Durch Stoffumwandlungen mit biotechnologisch optimierten Mikroorganismen oder Enzymen werden Proteine für Waschmittel oder Futtermittel, Vitamine und chemische Zwischenprodukte und Pflanzenschutzmittel gewonnen. Inzwischen werden nahezu 100 Prozent der Waschmittelenzyme mit gentechnisch veränderten Mikroorganismen hergestellt. Dabei lassen sich deutliche wirtschaftliche Fortschritte erzielen. Baumwolle für die Textilindustrie kann beispielsweise durch ein neu entwickeltes Enzym viel ökonomischer gereinigt werden. 60 Prozent der Emissionen ins Wasser, 25 Prozent Energie und 20 Prozent der herkömmlichen Kosten lassen sich einsparen, so der VCI. (3)

Novellierung des Gentechnikgesetzes soll Grüner und Weißer Biotechnologie zugute kommen

Die Chemie- und Kunststofferzeuger setzen in der Produktion verstärkt auf nachwachsende Rohstoffe anstatt auf petrochemische Rohstoffe. Aufgrund des geltenden Gentechnik-Gesetzes findet in Deutschland derzeit kein nennenswerter Anbau statt. Ende Februar hat nun das Bundeskabinett Eckpunkte für die Überarbeitung des deutschen Gentechnikgesetzes (GenTG) verabschiedet. Die Rahmenbedingungen für die Pflanzenbiotechnologie und gentechnische Arbeiten in gentechnischen Anlagen sollen verbessert werden. Die Biotechnologiewirtschaft begrüßt zwar die geplanten Schritte, hält sie aber dennoch für unzureichend. (13)

Fazit

Die dargestellten Forschungsgebiete profitieren vom gegenseitigen Fortschritt. Entwicklungen in der Grünen Gentechnik kommen der Weißen Biotechnologie zugute. Die Katalyse als Querschnittstechnologie profitiert ihrerseits maßgeblich von Neuentwicklungen in der Nanotechnologie und den Biowissenschaften. Die chemische Reaktivität und Lebensdauer von Katalysatoren kann durch geeignete Oberflächenstrukturen (Nanopartikel) deutlich erhöht werden.

Fallbeispiele

Nanogate AG

sieht sich als einer der international führenden Enabler im Wachstumsmarkt der chemischen Nanotechnologie. Das Unternehmen setzt sein chemischen Know-how aus Verfahren und Prozessen beispielsweise der Kolloidchemie oder der Sol-Gel-Chemie ein, um nanostrukturierte Materialien aufzubauen, die anschließend in Produkten und Prozessen der Kunden Verwendung finden.seit April 2007 konzentriert sich Nanogate vor allem auf die Wachstumsfelder Gebäude/Interieur, Automotive/Maschinenbau und Sport/Freizeit. Folgen sollen Funktionelle Textilien, sowie Optik und Sicherheitstechnologie.

BASF

führt in ihrem Produktprogramm mehr als 120 Katalysatoren, darunter Katalysatoren für Oxidations- und Dehydrierprozesse (z.B. bei der Herstellung von Styrol oder Phthalsäureanhydrid), für Umweltanwendungen (z.B. zur Zersetzung von Dioxinen), für Brennstoffzellen und Hydrierungen (z.B. zur Entfernung von Acetylenen und Diolefinen) sowie zur Reinigung (z.B. von Olefinen). Das Unternehmen lizensiert auch katalytische Prozesse, wie Hydrierungen bei Steamcrackern oder die Entfernung von N2O oder NOX. Die neu gegründete Tochtergesellschaft BASF Fuel Cell GmbH führt die deutlich ausgebauten Katalysatoraktivitäten von BASF für die Brennstoffzellenindustrie fort. Sie will als Zulieferer von innovativen Materialien wie Membran-Elektroden-Einheiten (MEA) und Katalysatoren zum Erfolg dieser Technologie beitragen.

hte (the high throughput experimentation company)

, ein Start-up Unternehmen, entwickelt Hochdurchsatz-Forschung für die beschleunigte Entdeckung und Entwicklung von neuen Materialien und insbesondere heterogenen Katalysatoren.

Degussa

setzt verstärkt auf das Innovationspotenzial der Weißen Biotechnologie und hat sein Zentrum für Weiße Biotechnologie in Betrieb genommen. 60 Mitarbeiter entwickeln dort zusammen mit Partnern aus Industrie und Wissenschaft neue biotechnologische Produkte und Verfahren auf Basis nachwachsender Rohstoffe.Im Automobilbau kommen die Forschungserfolge der Degussa schon zum Einsatz. Acematt heißt der Mattierungslack, der zur Beschichtung von Instrumententafeln, Türen und anderen Innenraumverkleidungen von seidenweich bis leder- und gummiartig verwendet wird.

Zahlen & Fakten

Vergleich des FuE-Aufwands 2005

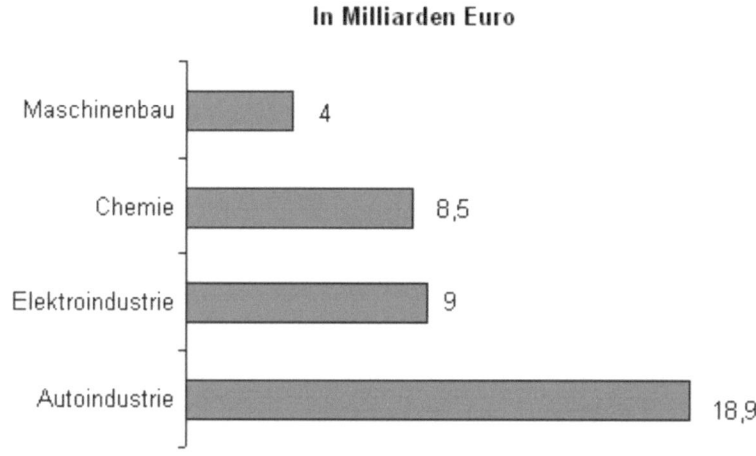

Quelle: Stifterverband für die Deutsche Wirtschaft

Entnommen aus: www.vci.de, Bildung/Forschung

Weiterführende Literatur

(1) Chemiepatente
aus CHEManager Ausgabe 04 vom 22.02.2007 Seite 016

(2) Verband der Chemischen Industrie e.V., Zahlen zum Innovationsmotor Chemie, März 2006
aus CHEManager Ausgabe 04 vom 22.02.2007 Seite 016

(3) Verband der Chemischen Industrie e.V. (VCI), Fakten, Analyse, Perspektiven Chemie 2006, Jahresbericht 2006, 30. Juni 2006
aus CHEManager Ausgabe 04 vom 22.02.2007 Seite 016

(4) Reise in die Welt der Zwerge
aus Handelsblatt Nr. 029 vom 09.02.07 Seite 28

(5) Großer Markt für kleine Teilchen
aus CHEManager Ausgabe 23 vom 30.11.2006 Seite 001

(6) Verband der chemischen Industrie e.V., Nanomaterialien Definition und Märkte, www.vci.de, Januar 2007
aus CHEManager Ausgabe 23 vom 30.11.2006 Seite 001

(7) O.V., Goldige Nanohanteln, www.chemie.de, 10.04.2007

aus CHEManager Ausgabe 23 vom 30.11.2006 Seite 001

(8) O.V., Für saubere Luft, www.chemie.de, 04.04.2007
aus CHEManager Ausgabe 23 vom 30.11.2006 Seite 001

(9) Verband der Chemischen Industrie e.V. (VCI), Weiterentwicklung der Katalyseforschung in Deutschland. Die Position der chemischen Industrie, www.vci.de
aus CHEManager Ausgabe 23 vom 30.11.2006 Seite 001

(10) Gießener Chemiker entwickeln umwelt- und ressourcenschonende Verfahren und Stoffe
aus Chemie.DE News

(11) Auszeichnungen für Katalyseforscher
aus Chemie.DE News

(12) Deutsche Industrievereinigung Biotech (DIB), Biotechnologie-Statistik 2006, www.dib.org, Juli 2006
aus Chemie.DE News

(13) Deutsche Industrievereinigung Biotech (DIB), Eckpunkte zum Gentechnikrecht: positive Ansätze, aber unzureichend, Biotech Brief Nr. 2/2007, www.dib.org
aus Chemie.DE News

Impressum

FuE in der chemischen Industrie - Bei Nanomaterialien, Katalyse und Weißer Biotechnologie wird kräftig geforscht und entwickelt

Bibliografische Information der deutschen Nationalbibliothek

Die Deutsche Nationalbibliothek verzeichnet diese Publikation in der deutschen Nationalbibliografie; detaillierte bibliografische Daten sind im Internet über http://dnb.d-nb.de abrufbar.

ISBN: 978-3-7379-2230-2

© 2015 GBI-Genios Deutsche Wirtschaftsdatenbank GmbH, Freischützstraße 96, 81927 München, www.genios.de

Alle Rechte vorbehalten. Dieses Werk ist einschließlich aller seiner Teile – z.B. Texte, Tabellen und Grafiken - urheberrechtlich geschützt. Jede Verwertung außerhalb der Grenzen des Urheberrechtsgesetzes bedarf der vorherigen Zustimmung des Verlags. Dies gilt insbesondere auch für auszugsweise Nachdrucke, fotomechanische Vervielfältigungen (Fotokopie/Mikroskopie), Übersetzungen, Auswertungen durch Datenbanken oder ähnliche Einrichtungen und die Einspeicherung und Verarbeitung in elektronischen Systemen.